各巻の内容

JN108780

1 準備編

防災グッズ

キッチンペーパーのマスク／新聞紙とダンボール板のスリッパ／ゴミ袋のレインポンチョ／トイカプセルのLEDヘッドライト／パラコードのブレスレット／ぬわない手ぬぐいポシェット／ペットボトルのほうきとちりとり／新聞紙の皿／牛乳パックのスプーンと皿／アルミ缶でつくるコンロ／ペットボトルじゃ口／ペットボトルろか器／キッチンペーパーの紙石けん／アロマオイルの石けん／食用油でつくるキャンドル／ダンボールのイス

コラム

教えて！木原先生　災害ってなに？

2 緊急編

防災グッズ

ペットボトルのランタン／牛乳パックのホイッスル／ズボンでつくるリュックサック／ボウルでつくるヘルメット／ダンボールの非常用トイレ／ブルーシートの寝袋／じゃがりこのいももち／えびせんのトマトスープ／ツナ缶のランプ／新聞紙でつくるクッション／単3電池でつくる単1電池／ペットボトルシャワー／コーヒーフィルターの消臭剤／牛乳パックのうちわ／新聞紙でつくる手さげ／ダンボールのパーテーション／ダンボールのベッド

コラム

教えて！木原先生　災害が起こったら……

3 テクニック編

防災テクニック

伝言をガムテープに書いてはろう／毛布を使って担架をつくろう／ペットボトルをうきわ代わりにしよう／けがをして血が出たら手ぬぐいで止血しよう／ラップを使って三角巾をつくろう／リュックサックで水を運ぶ方法／缶切りなしで缶詰をあける方法／新聞紙を薪として使おう／ポリ袋でごはんを炊いてみよう／ラップを使って食器洗いを減らそう／水でカップ麺をつくろう／ベビーパウダーをドライシャンプーにしよう　ほか

コラム

教えて！木原先生　備えのテクニック

自分で
つくっちゃおう！

かんたん 手づくり

防災
グッズ

監修

木原実（気象予報士・防災士）

3 テクニック編

はじめに

日本は、世界の中でも特に災害が多い国といわれています。じっさい、地震や津波、大雨や台風など、毎年のようにいろいろな災害が起きていますね。

大きな災害が起こると、水道や電気、ガスが止まってしまうこともあります。すると、ガスコンロを使って料理をしたり、部屋に明かりをつけたり、トイレやふろを使ったり……といった、いつもの生活ができなくなってしまうこともあるんです。このようなとき、パニックにならないためには、災害への「備え」が欠かせません。そのひとつとして、ぜひ知っておいてもらいたいのが、身近なものを使ってトラブルを乗り切る防災テクニックです。

この本では、災害にともなうピンチに対処するためのテクニックを紹介しています。身のまわりのものを上手に活用して、こまった状況をのり切るためのヒントがたくさんありますよ。今のうちから身につけておけば、いざというときにも、きっとあわてずに過ごせるはずです。

災害はいつどこで起こるかわかりません。しかし、きちんと準備をしておくことで、みなさんの命やくらしを守ることができます。もしものときのために、今できる備えをする。この本が、そのきっかけになればうれしいです。

気象予報士・防災士　木原実

もくじ

テクニック

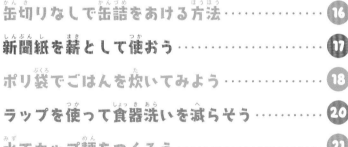

コラム

ふろく # おもちゃ工作

この本の見方

① アイコン

テクニックのカテゴリーを示すマーク。おもに災害が起きたときに役立つものは「災害時」、避難所での生活で役立つものは「避難生活」で示しています。

② 難しさ

1〜3つの星マークで示したテクニックの難易度。数が多いほど、難しいテクニックになります。

③ テクニックの解説

災害によってトラブルが起きたときに、そのテクニックがどのように役立つかわかります。

④ ポイント・注意

テクニックのポイントや注意点が書かれています。

⑤ 手順

テクニックのやり方。

⑥ やってみよう！・もっと知りたい！

「やってみよう！」にはテクニックの活用方法、「もっと知りたい！」にはテクニックに関連する情報が書かれています。

役立つテクニックを20個紹介するよ！

知っておきたい
災害時のトラブル

災害が起きたときや避難所で生活しているときは、トラブルが起こりがちです。どのようなトラブルが起こり、どのように対処したらいいか見ていきましょう。

けが・病気

自分やまわりの人がけがをしたり、具合が悪くなったり、トラブルには人の体や命に危険があるものもあります。

\ 手足を けがしたら /

大きな災害が起きると、落ちてきたものにぶつかったり、われた食器やガラスなどで手や足を切ったりする場合があります。傷口はすぐに止血しましょう。

P12 → けがをして血が出たら 手ぬぐいで止血しよう

\ 手足を ひねったら /

手や足をひねって、はれやいたみがある場合は、ねんざや骨折をしているかもしれません。まずは、ひねった部分が動かないように固定しましょう。

P14 → ラップを使って 三角巾をつくろう

\ 熱中症に なったら /

夏の避難所では、クーラーが使えないところもあり、熱中症の危険が高まります。めまいや体のだるさを感じたら、すぐにすずしいところで水分補給をしましょう。

P29 → 砂糖・塩・水で手づくり 経口補水液をつくろう

\ たおれている人を 見つけたら /

「大丈夫ですか?」と声をかけ、まわりの人と協力して安全な場所に移動させましょう。頭にけがをしているなど、移動しない方がいい場合は、大人に相談しましょう。

P10 → 毛布を使って 担架をつくろう

水道・電気・ガス | 災害時には水道や電気、ガスが使えなくなり、いつもの生活ができなくなる可能性があります。

水道が止まると

じゃ口から水が出なくなります。また、下水道がこわれるとトイレやふろなどが使えなくなります。

飲み水(ひとり1日3L×3日分)を必ず用意しておきましょう。水を節約するために体や頭を洗うときの工夫も大事です。

P22 → ドライ
シャンプー

電気が止まると

家や外の照明のほか、テレビや冷蔵庫が使えなくなってしまいます。スマートフォンの充電もできません。

安全のためにも、まずは明かりを確保しましょう。懐中電灯やランタンがあると安心です。必ず備えておきましょう。

\2巻/
P8 → ペットボトル
ランタン

ガスが止まると

ガスコンロの火がつかなくなってしまいます。また、じゃ口からお湯が出なくなります。

お湯がわかせるカセットコンロがあると便利です。カセットコンロがないときのために火を起こす方法も覚えておきましょう。

\1巻/
P30 → アルミ缶
コンロ

気分が落ちこんだときは

災害が起きたあとは不安で元気が出なかったり、食欲がなくなったりしやすくなります。
そんなときは、無理をせずに休むことが大切です。

まわりの人に自分の気持ちを話す

ひとりでかかえこまず、まわりの大人や友だちに、今の自分の気持ちを伝えてみましょう。

体を動かしてよく休む

ずっとすわっていると体がこわばってしまいます。昼間に体を動かして、その分夜はよく寝て休みましょう。

P30〜31のストレッチも
試してみよう!

伝言（でんごん）をガムテープに書（か）いてはろう

家族（かぞく）と別行動（べっこうどう）するときは、伝言（でんごん）を残（のこ）していきましょう。
ガムテープなら雨（あめ）や風（かぜ）に強（つよ）く、はがれる心配（しんぱい）もありません。

災害時（さいがいじ）

難（むずか）しさ ★

ガムテープを使（つか）えば、確実（かくじつ）にメッセージが伝（つた）わる

　家（いえ）に自分（じぶん）しかいないときに災害（さいがい）が起（お）こったら、ひとりで避難（ひなん）しなければならない場合（ばあい）もあります。そんなときは、家族（かぞく）に伝言（でんごん）を残（のこ）していきましょう。伝言（でんごん）にはガムテープが役立（やくだ）ちます。ガムテープは雨（あめ）や風（かぜ）に強（つよ）く、丈夫（じょうぶ）なので、伝言（でんごん）

を書（か）いて玄関（げんかん）ドアなどにはっておくことで家族（かぞく）に確実（かくじつ）にメッセージを伝（つた）えられます。
　使（つか）うガムテープは黄色（きいろ）などの目立（めだ）つ色（いろ）がいいでしょう。また、はる場所（ばしょ）も家族（かぞく）で決（き）めておきましょう。

避難場所や避難した時間をはっきりと書く

　伝言を書くときは、消えないように油性ペンを使います。小さいガムテープにおさまるように、避難場所や避難した日付・時間を、短い文章で書きましょう。けがをしているかどうかも書いておくと、見た人が安心できますね。

もっと知りたい！

前もって家族で決めておくこと

待ち合わせ場所は細かく決める

災害のときはたくさんの人が避難場所に集まります。人ごみですれちがわないよう、「小学校の校門前」など細かく場所を決めておきましょう。

待ち合わせの時間は1日2回に決める

待ち合わせの時間は10時と15時など、1日2回に決めておきます。その時間を20分過ぎても来ない場合、次の時間に集まると約束しておけば、行きちがいを心配せずにすみます。

家をはなれるときのルールを決める

火元の確認、ブレーカーを落とす、ドアや窓のカギをしめるなど、家をはなれるときにやるべきことを話し合っておきましょう。

連絡方法は複数決める

災害時は、回線が混雑して電話やネットがつながりにくいことがあります。ガムテープの伝言をはじめ、災害用伝言ダイヤル171や災害時伝言版など、複数決めておきましょう。

けがをした人を運ぶとき
毛布を使って担架をつくろう

けがなどで移動ができない人を運ばなくてはいけないときは、毛布で担架をつくると便利です。

毛布と長い棒があれば担架がつくれる

けがをした人や体の不自由な人を避難場所に運びたいけれど、車いすや担架がない。そんなときは、毛布やシーツのような大きい布と、物干し竿などの長い棒が2本あれば、かんたんな担架をつくることができます。担架で運ぶ必要がある人を見つけたときは、必ずまわりの大人に声をかけて、運んでもらうようにしましょう。

⚙ **手順** [用意するもの] 毛布（またはシーツなど大きめの布）1枚、長い棒（物干し竿など）2本

1 道具を用意する

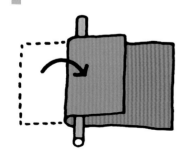

毛布を横向きに置き、左から3分の1のところに棒を置いて折り返す。

2 毛布と長い棒を組み合わせる

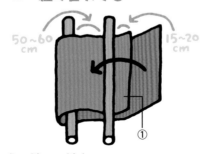

50〜60cm　15〜20cm

折り返した毛布のはし（①）から15〜20cmのところにもう1本の棒を置いて、右側も折り返す。

3 持ち上げたときに落ちないか確認する

右側から折り返した毛布を、左の棒にかけて完成。重いものをのせてみて落ちないか確認してから使う。

川でおぼれている人を見たら

ペットボトルを
うきわ代わりにしよう

「おぼれている人がいるのに、近くにうきわがない！」と
いうときは、ペットボトルを使って救助しましょう。

災害時

- - - - - - - - - -

難しさ ★★★☆☆

ポイント

ロープがあればペットボトルに
結んで投げ入れると、おぼれて
いる人が流されずにすむよ。

空の2Lペットボトルは大人もうかぶ

　おぼれている人を見つけたら、まずは水にう
かぶものを近くに投げ入れることが大切です。
それにつかまってうくことができれば、落ち着
いて助けを待つことができます。身近なもので
は、空のペットボトルがぴったり。2L以上な

ら1本、500mLのものなら数個まとめてつか
めば、大人でもうくことができます。投げると
きは、ペットボトルの中に少し水を入れて投げ
ましょう。重みが出て、ねらったところに投げ
やすくなります。

11

けがをして血が出たら 手ぬぐいで止血しよう

いろいろなことに使える手ぬぐい。避難用リュックサックに1枚入れておけば、けがの手当てにも役立ちます。

難しさ ★★☆

丈夫で衛生的な手ぬぐいは、さまざまな場面で役立つ

手ぬぐいは結んだりたたんだりと、さまざまな形に変えて使うことができる便利なグッズ。

また、かわくのが早く、ばい菌がとどまりにくいため、とても衛生的です。この特徴をいかして、包帯の代わりとして使ったり、口をおおうマスク代わりにしたりと、災害にともなうけがの手当てや病気の予防に広く活用できます。

ここでは切り傷ができたときの止血法を学びましょう。ふだんから練習しておけば、いざというときも、あわてずに対応できますよ。

⚙ 手順　[用意するもの] ビニール袋、手ぬぐい

1 ビニール袋に手を入れる

傷口にさわらないように、手当てする人の手にビニール袋をかぶせる。

2 手ぬぐいをのせる

傷口の上に手ぬぐいをフワッとのせる。

3 止血する

手ぬぐいの上から、ビニール袋をかぶせた手で傷口を強くおさえる。血が止まるまで続ける。

もっと知りたい！

ほかにもいろいろ！ 手ぬぐいの使い方

包帯にする

手ぬぐいは、けがをしたときに、包帯の代わりにもなります。止血したあと、傷口に巻いて軽く結びましょう。細くさくことで、小さな傷にも使えます。

目のまわりに巻いてアイマスクに

避難所では明かりが気になって、ねむれないことがあります。手ぬぐいをアイマスクとして活用すれば、ストレスを感じずにねむることができます。

首に巻いて熱を逃がす

夏の避難生活では、熱中症や熱射病に注意する必要があります。ぬらした手ぬぐいを首に巻くと、暑さをやわらげることができます。

三角巾の代わりになる

手ぬぐいの対角線どうしを結んで、首にかければ三角巾のようにして使うことができます。サイズを調整したいときは、かんたんにさくことができます。

骨折やねんざをしたら
ラップを使って三角巾をつくろう

家にあるラップで腕を固定する三角巾がつくれます。
よごれても取りかえやすく、しっかりと固定できます。

難しさ ★ ★

ラップの芯がそえ木、ラップが三角巾の代わりに

　骨折やねんざをしてしまったら、むやみに動かしてはいけません。ふつうは、けがをしたところをそえ木といっしょに包帯で巻き、三角巾でつるして固定します。しかし、災害時にはそえ木や三角巾がすぐに用意できないことも少なくありません。このような場合は、下の絵のように食品用ラップを使って、しっかりと固定しましょう。

⚙ 手順　[用意するもの] ラップ適量、ラップの芯1本

1 ラップを巻きつける

骨折したところにラップの芯をあてて、きつくラップを巻きつける。

2 三角巾をつくる

ラップを腕から首までの長さに切る。

3 首元で結ぶ

腕が地面と平行になるよう調整して、ラップのはしを首元で結ぶ。

14

重い水も背負えば楽に！
リュックサックで水を運ぶ方法

リュックサックを使えば、荒れた道でもたくさんの水を楽に運ぶことができます。

リュックサックとゴミ袋で水を運べる

災害時に必要なものの中でも特に重く、運びづらいのが水。ペットボトルがあればそのまま持ち運びできますが、すぐに準備ができないことも少なくありません。そんなときは、ゴミ袋を2枚重ねてリュックサックに入れ、その中に水を入れて口をしめましょう。リュックサックいっぱいに水が入るので、むだなくたっぷり運べますよ。災害後は道が荒れて台車などではうまく運べないこともあります。そんなときも、この方法が役立ちます。

缶切りなしで缶詰をあける方法

非常食にぴったりの缶詰。缶切りが手に入らないときでも
あけられる方法を知っておきましょう。

難しさ ★★★

地面にこすりつけるだけで缶詰があけられる

長期間保存できるため、災害への備えとして欠かせない缶詰。プルタブがついていれば、かんたんに開きますが、缶切りがないとあけられない缶詰もあります。缶切りが手元にない場合は、缶のフタを地面にこすりつけましょう。フタがけずれて、あけることができますよ。

もっと知りたい！

スプーンで缶詰をあける方法

1 缶のフチをスプーンでこする

缶のフチにスプーンをあてて、あながあくまで力強く何度もこする。

2 缶切りのようにあなを広げる

あながあいたら、その切れ目にスプーンを入れ、前後に動かしながらあなを広げる。

3 スプーンでフタをすくう

フタの半分くらいまであなを広げたら、スプーンですくうようにフタをおし上げる。

寒い季節の備えに
新聞紙を 薪として使おう

寒い時期は、たき火で体を温めるのもひとつの方法です。たき火をするときは新聞紙がとても役立ちます。

避難生活

難しさ ★★

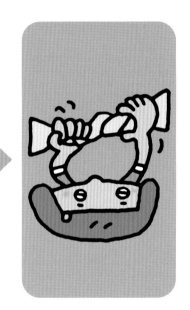

新聞紙を固く巻けば 薪の代わりになる

電気やガスが止まり、ガスコンロなどもない……という場合、身近なもので火を起こさなくてはならないかもしれません。そんなときは、新聞紙を1枚ずつ巻いて固くねじったものを薪の代わりにします。火がつきやすく長く燃えるので、いざというときも安心です。

やってみよう！
火をつけてみよう

1 新聞紙を丸める

半分に切った新聞紙を両手でクシャクシャに丸める。

2 薪を置く

新聞紙どうしをくっつけすぎないのがポイントだよ。

丸めた新聞紙を中心に置き、まわりに新聞紙でつくった薪を置く。

3 火をつける

火は必ず大人といっしょに使おう。

丸めた新聞紙に火をつけて、燃え広がるのを待つ。

炊飯器を使わなくてもホカホカごはん！

ポリ袋でごはんを炊いてみよう

停電で炊飯器が使えないときでも、米が炊ける
テクニックを紹介します。

難しさ ★★★

ポイント

食品用
湯煎調理袋

冷蔵・冷凍から湯煎まで

結束ひもですばやく
結びやすく長さも確保！

材料・調味料を
入れて

オリバーシールド

トリビの袋をまとめて調理！

スーパーなどの古い袋には、ば
い菌がついているので、熱に強
い新品のポリ袋を使おう。

熱に強いポリ袋で米が炊ける

　100円ショップなどで買える耐熱タイプのポ
リ袋は、熱に強く、ふっとうしたお湯に入れて
もとけません。このポリ袋を使えば、炊飯器が
なくても米を炊くことができます。最初は少し
難しく感じるかもしれませんが、米を水にひた
す時間をきちんととれば、ふっくらとおいしく
炊けますよ。災害が起こる前に練習しておくと
いいですね。また、なべにスペースがあればレ
トルト食品を同時に温めることもできるので、ガ
スの節約にもなります。

⚙ 手順　【用意するもの】米80g、水100mL、湯300〜500mL、なべ、耐熱タイプのポリ袋

1 米と水を入れる

耐熱タイプ（130℃程度）のポリ袋に米と水を入れる。

2 米を浸水させる

ポリ袋の中の空気をぬき、口をしっかりと結んだら、30分ほど置く。

3 湯の入ったなべに入れる

ふっとうした湯に2を入れる。このとき、結び目がしずまないよう、ポリ袋の上に置く。

4 炊飯する

弱火（なべの底に火がふれないくらい）で、30分ほどゆでる。

5 米を取り出す

30分たったら、はしなどでポリ袋の結び目をつかんで取り出す。

6 盛りつける

食器の上にポリ袋を置き、袋を開いて食べる。

やってみよう！

耐熱ポリ袋を活用しよう

さまざまな調理ができる

米を炊くときと同じように、ポリ袋に具材と調味料を入れれば、みそ汁などもつくることができます。

洗いものが減らせる

ポリ袋で調理したものは、袋に入れたまま食べることで洗いものが少なくなり、水の節約になります。

ラップを使って食器洗いを減らそう

お皿の上にラップをしいて、その上に料理をならべるだけで、洗いものに使う水を節約することができます。

避難生活

- - - - - - - - - - - - - - - - - -

難しさ ⭐

ラップを上手に使えば節水に

　水はふろやトイレだけでなく、じつは食器を洗うときにもたくさん必要です。しかし災害時には、水が思うように使えないことも多くあるため、食器を清潔に保つ工夫が必要になります。そこで活用したいのがラップです。

　ラップを皿にしいたら、いつも通り料理を盛りましょう。食べ終わったあとは、しいたラップをすてるだけ。食器がよごれず、洗いものが少なくなるため、貴重な水を節約することができますよ。

お湯がなくてもおいしく食べられる！
水でカップ麺をつくろう

軽くて持ち運びしやすいカップ麺は、
じつは水でもおいしくつくることができます。

水を入れて待つだけでカップ麺ができる

ポイント

袋麺も同じ方法でつくることが
できるよ！

　おいしくて長く保存できるカップ麺は非常用の食料として欠かせないものです。でも「お湯がないと食べられないから不便だ」と思っていませんか？　じつはカップ麺は水でもおいしくつくることができます。お湯を入れるときと同じ量の常温の水を入れて、15分ほど待てばできあがり。麺に味がついているタイプなら、よりおいしくできます。スープが別になっているものや、生麺タイプだとうまくできないこともあるので注意しましょう。

水を使わずに頭スッキリ

ベビーパウダーを
ドライシャンプーにしよう

避難生活でふろに入れない日が続いても、
髪をさっぱりと保つ方法を紹介します。

避難
生活

難しさ ★ ★

ポイント

ベビーパウダーの代わりにコーンスターチを使ってもスッキリするよ。

ベビーパウダーが髪のベタつきをおさえる

避難生活中は多くの場合、自由にふろに入れません。体をふくことはできますが、髪を洗うのは難しく、数日でベタベタになってしまいます。そんなときは、ベビーパウダーをドライシャンプーとして使いましょう。

ベビーパウダーにはベタつきやにおいの原因となる皮脂（皮ふから出る油分）や汗をすう働きがあるため、髪をサラサラにもどしてくれます。水を使わず、洗い流す必要もないので、水が使えないときに、ぜひ試してみてください。

⚙ 手順　[用意するもの] ヘアブラシ、ベビーパウダー小さじ1

1 ヘアブラシで髪をとかす

先に髪をとかすことで、よごれが落ちやすくなる。

2 ベビーパウダーを手になじませる

ベビーパウダーを手のひらになじませる。

3 頭になじませる

手のひらと指を使って、頭をマッサージするように動かし、ベビーパウダーをなじませる。

4 ヘアブラシで髪をとかす

粉っぽさがなくなるまで、髪をとかす。

もっと知りたい！

こんなところにも使える！

耳のうら

ドライシャンプーするときに、耳のうらにもベビーパウダーをつけておきましょう。皮脂をすい取って、いやなにおいをおさえてくれます。

足の指の間

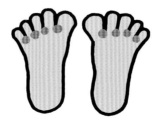

足の指の間は、においの原因となる汗がたまりやすい場所です。ベビーパウダーをつけておけば、足はもちろん、くつのにおいも防げます。

歯ブラシを使わずに歯をみがく方法

歯みがきシートは、口の中を清潔に保ってくれるグッズ。
防災グッズのひとつとして、準備しておきましょう。

避難生活

難しさ ⭐

ポイント

歯みがきシートがないときは、ウェットティッシュを指に巻いてみがくだけでもスッキリするよ。

歯ブラシも水も使わずお手入れできる歯みがきシート

　口の中を清潔に保つことは、虫歯の予防としてはもちろん、そのほかの病気を防ぐためにも大切です。災害で水が使えないときには、歯みがきシートを使うといいでしょう。歯みがきシートとは歯みがき粉と同じ成分をふくんだウェットシートのようなもの。指に巻きつけて、歯を1本1本みがくことで、いつもの歯みがきと同じような効果が得られます。終わったらシートをすてるだけ。口をゆすいだり、歯ブラシを洗ったりする必要もありません。

身近なもので寒さをしのぐ
新聞紙の腹巻きをつくろう

寒いところにいると人はどんどん体力が奪われてしまいます。
避難生活では防寒対策をしっかり行いましょう。

難しさ 🏯

意外と暖かい新聞紙の腹巻き

避難所に暖房器具がない場合、持っている防寒着だけでは寒く感じることもあります。そんなときは、新聞紙を体に巻きつけると寒さをしのげます。寝ているときは特に体温が奪われやすいので、寝る前に体に巻きつけるといいでしょう。新聞紙の枚数を増やせば、保温効果が高まりますよ。

⚙ 手順　［用意するもの］新聞紙2枚、ガムテープ

1 新聞紙を折る

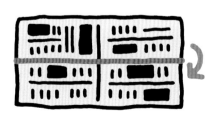

新聞紙を開き、上から下に半分に谷折りする。同じものをもう1つつくる。

2 新聞紙をつなげる

1でつくった新聞紙をガムテープでつなげる。

3 体に巻きつける

つなげた新聞紙を体に巻きつけ、ガムテープでとめて固定する。

ペットボトルで
即席湯たんぽをつくろう

冬は湯たんぽがあると快適にねむれます。
容器がないときは、ペットボトルでつくってみましょう。

避難
生活

- - - - - - - - - -

難しさ ★

かんたんにできる
ペットボトルの湯たんぽ

　電気を使わずに体を温められる湯たんぽは、災害時にぴったりの防寒グッズです。専用の容器がなくても、温かい飲みものが入っていたペットボトルがあれば大丈夫。ふっとうさせたあと、少し冷ましたお湯を注ぎ、くつ下を2枚かぶせたら完成です。やけどの危険があるので、大人といっしょにつくりましょう。

やってみよう

湯たんぽの使い方

わきの下にはさむと体をしっかり温めることができます。熱く感じるようなら、くつ下の枚数を増やしましょう。

寒い日は寝る前に、ふとんや毛布の中に湯たんぽを入れておきましょう。入れる場所は、特に冷たさを感じる足元がおすすめです。

貴重な水を上手に使う
ポリ袋を使って節水洗たくしよう

使うのはポリ袋と重曹だけ！
少ない水でよごれやにおいを落とします。

避難生活

難しさ ★★

消臭効果があるうえ体にとっても安心な重曹

　洗たく機が使えなくても、ぬるま湯とポリ袋、そして重曹があれば洗たくができます。重曹にはよごれを落としたり、においを消したりする効果があり、少ない水でも十分に洗たくができます。洗剤のようにたくさんの水ですすぐ必要もないので、使える水が限られているときも、衣服をきれいに保てますよ。

⚙ 手順　[用意するもの] ポリ袋2枚、食品用重曹大さじ1、ぬるま湯10L、水10L

1 洗たく水をつくる

ポリ袋に重曹、ぬるま湯を入れてよくまぜ、衣服を入れる。

2 もみ洗いする

ポリ袋の口をしばり、衣服を優しくもむように洗う。

3 すすぐ

きれいな水を入れた別のポリ袋に洗い終わった衣服を入れて、再度もむようにすすいだら完了。

銅の力でにおいを分解

10円玉で
くつの消臭をしよう

はいたあとのくつの中に10円玉を入れるだけ！
いやなにおいを銅が分解してくれます。

においの原因となる
ばい菌を10円玉が分解

　避難生活中、くつのにおいが気になったら、10円玉を使って消臭しましょう。くつがにおうのは、汗をかいた足やくつ下、くつの中に集まったばい菌のせい。10円玉を10枚ほどくつの中に入れておけば、銅でできた10円玉が銅イオンを出し、においの原因となるばい菌を分解してくれます。

もっと知りたい！

ほかにもある消臭アイテム！

くつ下と重曹

くつ下に、重曹を大さじ2入れて、輪ゴムでしばります。それをくつの中に入れておくと、消臭効果のある重曹がいやなにおいを取ってくれます。

使用後のカイロ

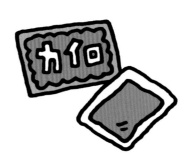

冷蔵庫の消臭剤としても使われる活性炭は、カイロにもふくまれています。使い終わったカイロをくつやブーツの中に入れておくだけでにおいが消えます。

28

熱中症の応急処置に！
砂糖・塩・水で
手づくり経口補水液をつくろう

熱中症を起こしやすい夏の避難生活。市販の経口補水液が手に入らないときは、手づくりしましょう。

避難生活

難しさ ★★☆

じつはかんたんにつくれる経口補水液

冷房が使えないことが多いため、熱中症を起こしやすくなる夏の避難所。熱中症の症状があらわれたら、経口補水液を飲んですばやく水分を補給しましょう。すぐ手に入らないときも砂糖と塩、水があればかんたんにつくることができます。応急処置をしたあとは、なるべく早く病院へ行きましょう。

⚙ **手順** 【用意するもの】水500mL、スティックシュガー（3g）5本、塩2つまみ

1 水に砂糖をとかす

水にスティックシュガーを入れ、よくまぜる。

2 塩を入れる

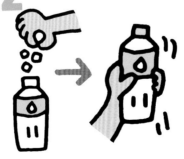

1に塩を入れてフタをし、よくまぜたら完成。あればレモン汁を入れると飲みやすくなる。

注意

手づくりの経口補水液は、保存できないので、つくった日にすべて飲みきろう！

ストレスで固まった体のために
足の体操で
リラックスしよう

心をリラックスさせたいとき、まずは体をほぐして
体の緊張をゆるめましょう。

避難生活

難しさ

筋弛緩法で
こわばった体をほぐす

　災害が起きたあとは、なれない生活に不安やイライラ、緊張が重なって、つかれがたまりやすくなります。そのままにしておくと、心や体の病気につながる場合があります。そんなときは、筋弛緩法と呼ばれるストレッチで体をほぐしましょう。体の緊張が解消すると、自然と心の緊張もとれて、リラックスできます。

⚙ 手順

1 足に力を入れる

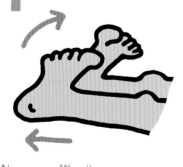

足にグッと力を入れてかかとをつき出す。つま先をひざのほうに向けるようなイメージで10秒間キープする。

2 ゆっくり力をぬく

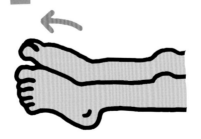

ゆっくり力をぬき、全身の力をぬいた状態で20秒数える。手をギュッとにぎってゆっくり開いても同じ効果がある。

⚠ 注意

足が冷えているときに急に動かすとつってしまうよ。足首を回して温めてからやってみてね。

体をのばして病気を予防
全身ストレッチで元気に過ごそう

せまい場所にじっとしていると体がこわばって、けがや病気をしやすくなります。定期的にストレッチをしましょう。

避難所でも場所をとらないストレッチ！

　避難所などのせまい場所では思いきり運動ができず、体がこわばりがちです。この状態が続くと、けがや病気の原因になるほか、体を動かせないことでストレスもたまってしまいます。体のこわばりを感じたら、その場でできるストレッチがおすすめです。こまめに行えば体がほぐれ、心も体も元気になりますよ。

やってみよう！

どこでもできるストレッチ

上半身のストレッチ

腕を上に思いきりのばし、こしから上を右にたおします。わき腹がのびたところで10秒数えたら、反対側も同じように行います。

下半身のストレッチ

足を胸に引きつけ、息をすって、はく、を5回くり返します。こしのいたみや、太もものこわばりをやわらげます。

教えて！木原先生 備えのテクニック

ここで紹介するテクニックを、災害が起きる前にやっておくことで、災害時のトラブルをいくつも防ぐことができるよ。トラブルを解決することも大切だけど、トラブルが起きないことが一番いいよね。家族で相談して、できることからやってみよう！

食料の備えと避難の準備

水や食料のほか、避難用のリュックサックを用意しておけば、いざというときにあわてずにすみます。

水と食料は最低3日分準備する

飲み水は1日3L、食料は1日3食として、3日分用意します。定期的にチェックして、古くなっていたら新しいものと取りかえます。

必要なものをリュックサックにまとめる

食料と水のほか、懐中電灯やヘルメット、簡易トイレ、ラジオ、救急セットなどをリュックサックに入れてまとめておきます。

ほかにも… 着がえやレインコートのほか、公衆電話を使うときに必要な小銭や、手をよごれやけがから守る軍手などがあると便利です。

出口確保と家具の固定

大きな家具が出口をふさいだり、人に向かってたおれたりすると、にげおくれる危険も。必ず確認しましょう。

家具は出口をじゃましない位置に

本だなやタンスなどの大きな家具は、地震などでたおれたときにドアをふさぐことも。ドアをふさがない場所に置きましょう。

家具をかべや天井に固定する

「L字金具」や「つっぱり棒」などの専用の道具を使って、家具がたおれないように固定しておくと、より安全です。

ふろく おもちゃ工作

楽しくつくって遊べるおもちゃがあれば、なれない避難生活も元気に過ごせます。

工作ページの見方

① アイコン

グッズのカテゴリーを示すマーク。身につけるものは「衣」、食べるときに使うものは「食」、住むうえで役立つものは「住」、おもちゃなどは「他」で示しています。

② 工作時間

完成までにかかる時間の目安。

③ 難しさ

1～3つの星マークで示した工作の難易度。数が多いほど、難しい工作になります。

④ 材料・道具

工作に必要な材料・道具の一覧。

⑤ つくり方

グッズのつくり方の解説。写真と文を合わせて確認しながら、順番通りに進めましょう。

⑥ ポイント・注意

工作するときのポイントや注意点が書かれています。

⑦ やってみよう！・これもつくろう！

「やってみよう！」にはグッズの使い方のポイントが、「これもつくろう！」には関連するグッズのつくり方が書かれています。

つくり方で出てくる線

折り目線 ————

切り取り線 ------

のりしろ ▨▨▨

谷折り線 ----------

山折り線 -・-・-・-・

基本の材料・道具

本書に出てくる材料や道具の中から、特によく使うものを紹介します。家にあるものばかりなので、すぐにチャレンジできますよ。

 **材料**

新聞紙	ペットボトル	牛乳パック	紙コップ

 道具

はさみ	えんぴつ	ペン	セロハンテープ

工作するときの注意

使いなれない材料や道具でいきなり工作をはじめると、思わぬけがにつながることも。工作をはじめる前に、しっかりと読んでおきましょう。

大人に相談しよう
つくる前に、どんなものをつくりたいのか大人に話しましょう。家にある材料を使う場合は、使っていいものか必ず確認してください。

けがに気をつけよう
はさみやカッターなどの刃物や、先のとがったものを使う場合には十分注意しましょう。使わないときは必ず刃をしまいます。

道具は大切に
ゆかやつくえによごれや傷がつかないよう、新聞紙やダンボールをしきましょう。使ったあとはきれいにしてもどします。

工作のコツ

上手につくるコツをおさえてグッズをきれいに仕上げると、使いやすさがさらに増します。また、こわれにくくもなるため、災害のときも安心して使えます。

厚紙をきれいに折り曲げる

厚紙を折り曲げる前、はさみやカッターで軽くスジをつけるときれいに折れます。力を入れすぎて、切り取らないように気をつけましょう。

厚紙を折るときも、じょうぎを折り目にあてるときれいにできるよ。

はさみでまっすぐ切る

はさみの先ではなく、中心あたりを使ってゆっくり切ります。先を使って細かく切ると、切った線がガタガタになってしまいます。

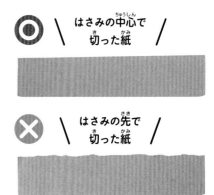

◎ ＼ はさみの中心で切った紙 ／

✕ ＼ はさみの先で切った紙 ／

きれいにはりつける

はりたいもののフチにのりをつけるときは、フチのギリギリではなく少し内側につけます。そうすると、はりつけたときにのりがはみ出ません。

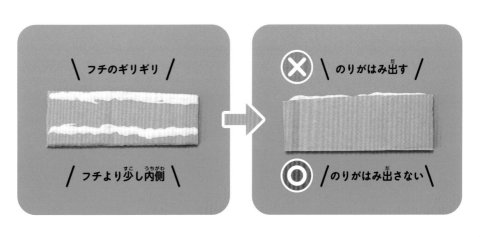

＼ フチのギリギリ ／

＼ フチより少し内側 ＼

✕ ＼ のりがはみ出す ／

◎ ＼ のりがはみ出さない ＼

描いた絵をかべにうつしてみよう

紙コップでつくる
影絵工作

懐中電灯でも
スマートフォンでも
できるよ！

懐中電灯などの光を使って、ラップに描いた絵を、かべやゆかに大きくうつすことができます。カラフルに色をぬったり、画用紙を切りぬいたりして、いろいろな影絵をつくってみましょう。

材料

紙コップ … 1個
ラップ（20cm×20cm）… 1枚
輪ゴム … 1本

道具

● えんぴつ
● はさみ
● 油性ペン

⚙ つくり方

1 あなをあける

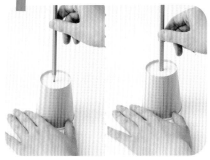

紙コップの底に、えんぴつであなをあける。

2 はさみで切る

あけたあなにはさみを差しこんで、5等分の切りこみを入れる。

3 内側におしこむ

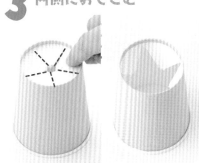

2で切った底を紙コップの内側におしこむ。

4 ラップに絵を描く

ラップの中心に、ペンで好きな絵を描く。サイズは紙コップの飲み口と同じくらいにする。

5 紙コップにかぶせる

4を紙コップの飲み口側にかぶせ、輪ゴムでとめたら完成。

遊ぶときは底から懐中電灯などで照らそう。

やってみよう！

何色の画用紙を使っても影は黒くうつるよ。

うつるときは絵の左右が逆になる！

影絵工作は画用紙を使ってもできます。画用紙を好きな形に切り、のりでラップにはりつけましょう。1〜3と同じようにつくった紙コップにラップをかぶせ、輪ゴムでとめたら完成です。

そばにあると安心！
タオルでつくる ぬいぐるみ

他　工作時間
🕐 **10**分

難しさ ⭐⭐

タオルと輪ゴムが
あれば避難所でも
つくれるよ！

避難所で心細いときでも、自分でつくったぬいぐるみ
があれば不安がやわらぎます。バスタオルでつくる
と、だきしめられるサイズのぬいぐるみになりますよ。

材料

タオル（20cm×20cm）… 1枚
輪ゴム … 3本
ボタン（直径約1cm）… 適量
フェルトボール（直径約1cm）
… 適量
モール … 適量

道具

●布用ボンド

✿ つくり方

1 タオルを巻く

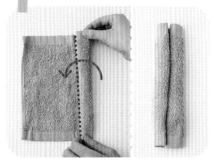

タオルを両はしから中心に向かって巻き、図のような形にする。

2 ねじって折り曲げる

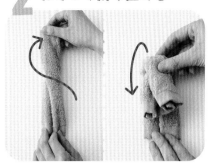

タオルの下側をおさえたまま、上側をねじる。下側を3cmほどあけて、上から下に向かって折り曲げる。

3 頭をつくる

2で折り曲げたタオルのはしを左右に少し広げる。上から3cmあたりを輪ゴムでとめて、頭をつくる。

4 耳をつくる

3の頭の左右をつまむように少し引っぱり、輪ゴムでとめて、耳をつくる。

5 顔をつくる

ボタンやフェルトボール、モールなどを布用ボンドで頭にはりつけ、顔をつくって完成。

これもつくろう！

ドールハウス ✿ つくり方

材料

牛乳パック（500mL）
… 1本
色画用紙 … 適量

道具

✦はさみ
✦両面テープ

1 牛乳パックを切り取る

牛乳パックの注ぎ口がある面を切り取る。

2 色画用紙を切る

色画用紙を図のように切って折る。

A 4cm 1cm 4cm
7cm
7cm 10cm 7cm 7cm
B

3 色画用紙をはる

牛乳パックの上の部分にAを、側面にBをはる。

4 かざりをつける

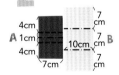

窓や屋根などのかざりをつくってはると、より家らしくなります。

みんなでつくって、みんなで遊べる！
ペットボトルと新聞紙の輪投げ

他　工作時間
⏰ **15**分

難しさ ★

なれてきたら
もっと遠くから
投げてみよう！

ルールがわかりやすくてかんたんな輪投げは、子どもから大人までみんながいっしょに遊べるおもちゃです。体を動かして遊べるので、避難生活中の運動不足も解消できますよ。

材料

新聞紙 … 3枚
セロハンテープ … 適量
ビニールテープ … 適量
ペットボトル（500mL） … 3本
水 … 適量

ペットボトルは
2LサイズでもOK！

⚙ つくり方

1 新聞紙を折る

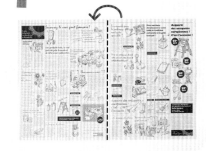

新聞紙を半分に谷折りする。折ったら
90度回す。

2 新聞紙を折りたたむ

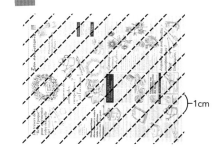

1cm

1の新聞紙を約1cmはばでななめに折
りたたんで、棒状にする。

3 新聞紙を輪の形にする

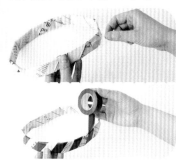

2の新聞紙の両はしをセロハンテープ
でつなげて、丸い輪の形にする。ビニー
ルテープを巻いたら、輪の完成。

4 ビニールテープを巻く

ペットボトルにビニールテープを巻く。

5 水を入れる

ペットボトルに水をいっぱいまで入れ
る。好みで色画用紙などでかざりつけ
たら、的の完成。

やってみよう！

輪のサイズを小さくす
ると、難しさが増しま
す。はじめは大きな輪
でチャレンジして、で
きるようになったら、
小さな輪で遊んでみま
しょう。

点数を書いた紙やシー
ルをつけて、競い合う
ゲームにするのもおす
すめです。みんなで
チームを組んで競って
も盛り上がりますよ。

せまいスペースでも遊べる
紙コップでつくる
ひねりゴマ

他　工作時間
🕐 **10**分

難しさ ★

どんなもように
なるかいろいろ
試そう！

紙コップとつまようじだけでつくれるコマ。ペンでもようを描くと、回したときの見え方が変わってより楽しめます。三角や丸など、いろいろな形をつくって遊んでみましょう。

材料（ざいりょう）

紙（かみ）コップ … 1個（こ）
つまようじ … 1本（ぽん）

道具（どうぐ）

- ペン
- はさみ
- プッシュピン
- ボンド

⚙ つくり方（かた）

1 紙（かみ）コップを切（き）る

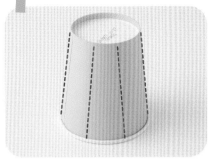

紙（かみ）コップに、同（おな）じくらいのかんかくをあけてペンで線（せん）を6本（ぽん）書（か）き、線（せん）にそってはさみで切（き）りこみを入（い）れる。

2 切（き）りこみを広（ひろ）げる

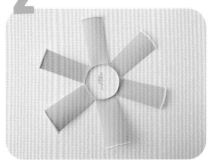

紙（かみ）コップを切（き）りこみにそって外側（そとがわ）に向（む）かって広（ひろ）げ、図（ず）のような形（かたち）にする。

3 好（す）きな形（かたち）に切（き）る

広（ひろ）げた部分（ぶぶん）の先（さき）を好（す）きな形（かたち）に切（き）る。長（なが）さはすべてそろえる。

4 あなをあける

紙（かみ）コップの底（そこ）の中心（ちゅうしん）に、プッシュピンであなをあける。

5 つまようじを差（さ）す

4のあなにつまようじを3分（ぶん）の1ほど差（さ）しこんで、うら側（がわ）からあなのまわりにボンドをぬって固定（こてい）したら完成（かんせい）。

これもつくろう！

ブンブンゴマ

⚙ つくり方（かた）

材料（ざいりょう）

牛乳（ぎゅうにゅう）パック（1L）
… 1本（ぽん）
たこ糸（いと）（約（やく）60cm）…1本（ぽん）

道具（どうぐ）

- はさみ　コンパス
- えんぴつ

1 牛乳（ぎゅうにゅう）パックを切（き）る

牛乳（ぎゅうにゅう）パックの底（そこ）の部分（ぶぶん）を切（き）り取（と）る。

3 ひもを通（とお）す

2にもようを描（か）き、あなにたこ糸（いと）を通（とお）して、先（さき）を結（むす）べば完成（かんせい）。

2 あなをあける

コンパスで1の中心（ちゅうしん）に2つのあなをあけ、えんぴつであなを広（ひろ）げる。

コマを回（まわ）してたこ糸（いと）をねじったあと、たこ糸（いと）を左右（さゆう）に引（ひ）っぱるとブンブン回（まわ）る。

新聞紙とビニールシートでつくるテント

他　工作時間
⏱️60分

難しさ ★★★

つくったグッズで
ひみつきちの中を
充実させよう！

まわりに多くの人がいて落ち着かない避難所で
も、自分だけのスペースがつくれるテントがあ
れば安心です。トンネルのように中をくぐって
遊ぶこともできます。

44

⚙ つくり方

1 新聞紙を折る

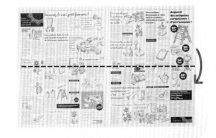

新聞紙を5枚重ねて、上から下に谷折りする。

2 短い棒をつくる

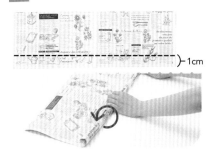

図のように1cmはばに谷折りし、そのまま棒状に巻いて、セロハンテープでとめる。同じものを6本つくる。

3 三角形に折る

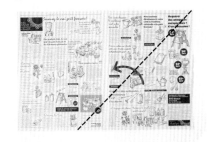

新聞紙を5枚重ねて、図のように三角形に谷折りする。

4 ななめに巻く

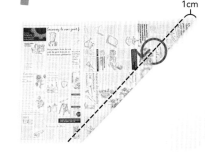

図のように1cmはばに谷折りし、そのまま棒状に巻いてセロハンテープでとめる。

5 長い棒をつくる

同じものを4本つくろう。

3をもう1つ用意し、4の棒を35cm重ねて置く。3に4を巻きつけたらセロハンテープでとめ、長い棒をつくる。

6 三角形に組む

2でつくった短い棒3本を、図のように三角形に組む。同じものを2つつくる。

ポイント

角をそれぞれ輪ゴムでまとめよう。

7 棒を組む

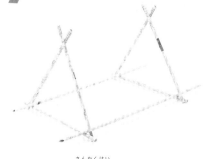

6でつくった三角形を2つならべる。その内側に5でつくった長い棒2本を通す。

8 棒の先を折り曲げる

7で内側に通した2本の長い棒の先を折り曲げ、矢印の部分にセロハンテープを巻きつけてとめる。

9 上部に棒を置く

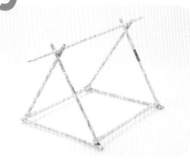

三角形の上部に5でつくった長い棒1本を置く。

10 棒の先を折り曲げる

上部に置いた長い棒の先を折り曲げ、矢印の部分にセロハンテープを巻きつけてとめる。

11 ななめに棒を置く

5でつくった長い棒1本を、図のようにななめに置く。

12 棒の先をとめる

ななめに置いた棒の先を、短い棒にそわせるように折り曲げ、矢印の部分にセロハンテープを巻きつけてとめる。

13 反対側をとめる

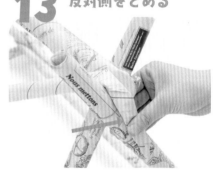

12の反対側の先も、同じように棒の先を短い棒にそわせるように折り曲げ、矢印の部分をセロハンテープでとめる。

14 シートをかぶせる

上からビニールシートをかぶせる。

15 シートをとめる

ビニールシートのはしを、新聞紙の棒に巻きつけるようにして、セロハンテープでとめる。

ポイント

シートが外れないように、○印の部分をしっかりとめよう！

新聞紙でつくるテント

⚙ つくり方

材料
新聞紙 … 66枚
セロハンテープ … 適量
輪ゴム … 5本

1 新聞紙を置く

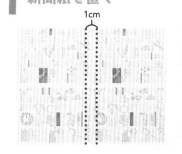

新聞紙2枚を、長さが短い方が上下にくるように置き、中心を1cmほど重ねる。

2 中心をとめる

新聞紙が重なっている部分を、セロハンテープでとめる。

3 新聞紙を折る

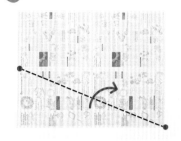

2を図のように、左の辺の中心と、右の辺の角を結ぶ線で谷折りする。

4 反対側を折る

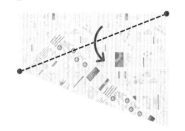

反対側からも、3と同じように谷折りする。

5 はみ出た新聞紙を折る

三角形からはみ出した新聞紙を、図のように谷折りする。同じものを3つつくる。

6 棒を組み立てる

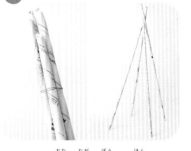

P45の5と同じ長い棒を4本つくる。4本の上部を輪ゴムでとめ、下部を広げて立てる。

7 棒を組み合わせる

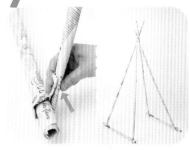

P45の2と同じ短い棒を4本つくる。6の棒の先を短い棒2本に巻きつけ、セロハンテープでとめる。

8 棒を輪ゴムでとめる

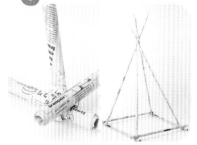

残りの短い棒2本を7の短い棒の両はしにのせて、輪ゴムでとめる。

9 側面に新聞紙をはる

5の新聞紙を、セロハンテープで側面と背面にはって完成。

● 監修者

木原 実 （きはら・みのる）

気象予報士・防災士。

1986年からお天気キャスターとして、日本テレビの番組に出演。現在は
お天気キャラクター・そらジローとともに、同局「news every.」のお天気
コーナーを担当している。2016年度より、日本防災士会の参与に就任。『天
気の基礎知識』（フレーベル館）、『おかあさんと子どものための防災＆非常
時ごはんブック』（ディスカヴァー・トゥエンティワン）など、多くの気象・
防災関連書の監修も務める。

NDC369.3
自分でつくっちゃおう！
かんたん手づくり防災グッズ ③テクニック編
監修・木原実
日本図書センター
2022年　48P　26.0cm×21.0cm

● スタッフ

グッズ制作	sawako
取材協力	菅野由美
撮影	北原千恵美、溝口智彦、三輪友紀
イラスト	法嶋かよ
本文	丸山亮平（百日）
装丁・本文デザイン	山岸蒔（スタジオダンク）
本文DTP	丸橋一岳
編集制作	江島恵衣美、坂口柚季野 （フィグインク）
編集協力	小園まさみ
企画・編集	日本図書センター

● 参考文献

『保存版 防災ハンドメイド　100均グッズで作れちゃう！』
辻 直美（KADOKAWA）
『つくって役立つ！防災工作　水・電気・ガスが使えないくらしを考える』
NPO法人プラス・アーツ（学研プラス）
『自衛隊防災BOOK』（マガジンハウス）
『警視庁災害対策課ツイッター 防災ヒント110』（日本経済新聞出版社）
『おうち避難のためのマンガ防災図鑑』草野かおる（飛鳥新社）

※本書で紹介した内容は、災害発生時の対応の一例です。非常時にはその状
況に応じて、個別の判断が必要になります。そのヒントとして、本書をお
役立ていただけますと幸いです。

自分でつくっちゃおう！

かんたん手づくり防災グッズ ③テクニック編

2022年9月25日　初版第1刷発行

監修者	木原実
発行者	高野総太
発行所	株式会社日本図書センター　〒112-0012 東京都文京区大塚3-8-2
	電話　営業部：03-3947-9387　出版部：03-3945-6448
	HP　https://www.nihontosho.co.jp
印刷・製本	図書印刷 株式会社

ISBN978-4-284-00118-2　C8336（第3巻）